U0588278

韩非与法家思想

主编 金开诚

编著 金东瑞

吉林出版集团有限责任公司

吉林文史出版社

图书在版编目（CIP）数据

韩非与法家思想 / 金开诚著 . 一长春：吉林文史出版社，2011.11（2022.1 重印）
（中国文化知识读本）
ISBN 978-7-5472-0932-5

Ⅰ.①韩… Ⅱ.①金… Ⅲ.①韩非（前 280～前 233）– 人物研究②法家 – 研究 Ⅳ.① B226.05

中国版本图书馆 CIP 数据核字（2011）第 226392 号

韩非与法家思想

HANFEI YU FAJIA SIXIANG

主编/ 金开诚 编著/金东瑞
项目负责/崔博华 责任编辑/崔博华 王文亮
责任校对/王文亮 装帧设计/李岩冰 董晓丽
出版发行/吉林文史出版社 吉林出版集团有限责任公司
地址/长春市人民大街4646号 邮编/130021
电话/0431-86037503 传真/0431-86037589
印刷/三河市金兆印刷装订有限公司
版次/2011 年 11 月第 1 版 2022 年 1 月第 3 次印刷
开本/650mm×960mm 1/16
印张/9 字数/30千
书号/ ISBN 978-7-5472-0932-5
定价/34.80元

编委会

前　言

　　文化是一种社会现象，是人类物质文明和精神文明有机融合的产物；同时又是一种历史现象，是社会的历史沉积。当今世界，随着经济全球化进程的加快，人们也越来越重视本民族的文化。我们只有加强对本民族文化的继承和创新，才能更好地弘扬民族精神，增强民族凝聚力。历史经验告诉我们，任何一个民族要想屹立于世界民族之林，必须具有自尊、自信、自强的民族意识。文化是维系一个民族生存和发展的强大动力。一个民族的存在依赖文化，文化的解体就是一个民族的消亡。

　　随着我国综合国力的日益强大，广大民众对重塑民族自尊心和自豪感的愿望日益迫切。作为民族大家庭中的一员，将源远流长、博大精深的中国文化继承并传播给广大群众，特别是青年一代，是我们出版人义不容辞的责任。

　　本套丛书是由吉林文史出版社组织国内知名专家学者编写的一套旨在传播中华五千年优秀传统文化，提高全民文化修养的大型知识读本。该书在深入挖掘和整理中华优秀传统文化成果的同时，结合社会发展，注入了时代精神。书中优美生动的文字、简明通俗的语言、图文并茂的形式，把中国文化中的物态文化、制度文化、行为文化、精神文化等知识要点全面展示给读者。点点滴滴的文化知识仿佛颗颗繁星，组成了灿烂辉煌的中国文化的天穹。

　　希望本书能为弘扬中华五千年优秀传统文化、增强各民族团结、构建社会主义和谐社会尽一份绵薄之力，也坚信我们的中华民族一定能够早日实现伟大复兴！

目录

一、法家思想的时代背景

　　法家在战国时期是一个十分重要的派别，而韩非是法家思想的集大成者，是广为人知的重要历史人物。法家的思想影响深远，中国数千年来君主集权的思想，或多或少是受法家所影响的。本书就是阐述韩非子的思想渊源、生平事迹及主要思想，亦深入浅出地介绍法家思想的时代背景、代表人物和核心思想体系。

　　法家是战国时期的重要学派之一，

因主张以法治国，"不别亲疏，不殊贵贱，一断于法"，故称之为法家。在百家之中法家很特殊，法家没有什么明确的创始人，更没有开门立派，四方讲学。法家更多的是一种思想潮流，法家人物也多是政治活动家。公认的最早走法家路线的是春秋前期齐国的管仲。一般认为，春秋时期，管仲、子产即是法家的先驱。战国初期，李悝、商鞅、申不害、慎到等开创了法家学派。至战国末期，韩非则集法家思想学说之大成。

　　作为先秦诸子中对法律最为重视的一派，他们以在法律界及法理学方面作出了卓越贡献而闻名，并提出了一整套的理论和方法。这为后来建立的中央集权的秦朝制定各项政策提供了相当有效的理论依据，后来的汉朝继承了秦朝的集权体制以及法律体制，这就是我国古代封建社会的政治与法制主体。法家在法理学方面作出了贡献，对于法律的起源、本质、作用以及法律同社会经济、时代要求、国家政权、伦理道德、风俗习惯、自然环境以及人口、人性的关系等基本的问题都做了探讨，而且卓有成效。但是法家也有其不足的地方。如极力夸大法律的作用，强调用重刑来治理国家，"以刑去刑"，而且是对轻罪实行重罚，迷信法律的作用，等等。

　　历史从哪里来，思想就应该从哪里开始。今天我们试着分析法家思想，就必然要从产生法家思想的那个时代说起。

这对于我们从总体上更客观、更深入地理解法家思想的实质是大有裨益的。法家生活在春秋战国这个大变革的时代。西周以来鼎盛的奴隶制社会在经济、政治、文化等领域内都发生了重大的变化。

(一)政治背景

西周时期，以周王为首的奴隶主贵族集团在政治上以"亲亲"、"尊尊"为基本原则，分封同姓、异姓诸侯，建立了以血缘为纽带的宗法等级社会；在经济上实行井田制，土地被划分成类似井字形的方块，受封的各级奴隶主对被分封的土地只有使用权，没有所有权。自称"天子"的周王以为"溥天之下，莫非王土；率土之滨，莫非王臣"出自《诗经·小雅·北山》。这个时期的社会特点，用春秋末期思想家孔子在《论语·季氏》的话来说，就是"礼乐征伐自天子出"。与此相应，西周统治者用周礼来巩固、加强其统治。相传"周公制礼"，即在周公的主持下，对以往的宗法习惯进行了系统的整理，制定出一整套以维护宗法等级制为中心的行为规范以及相应的典章制度、礼节仪式。与这套礼制相适应，西周统治者在政治法律思想方面所实行的就是以"亲亲"、"尊尊"为基本原则的"礼治"，其基本特征是"礼不下庶人"、"刑不上大夫"。在思想文化方面，尽管提出"以德配天"

说，但"君权神授"的神权思想仍占据着统治地位；同时，"学在官府"，文化教育完全由官府控制，奴隶主贵族子弟也只能去官府求学。整个社会保持着等级森严的统治秩序。然而，当西周这个历史的车轮行进到春秋战国时期，社会的方方面面都发生了重大的变革。

春秋末期，周天子早已失去了昔日驾

驭诸侯的权势，王室衰微，王权旁落，各大诸侯国争夺霸权；各诸侯国内部，"礼乐征伐自诸侯出"，卿大夫专权跋扈，新旧势力矛盾激烈。王室东迁之后，原来周王室控制的土地尽数为秦国占有，周天子所直接控制的领土不过是成周一带的六百里土地，王室失去了控制各诸侯国的政治、经济、军事实力，徒具天子虚名。也就是说周天子不过是名义上的共主，在春秋时期的政治生活中，周王室几乎没有起过实际的作用。在失去王室控制的情况下，一些诸侯国竞相扩张自己的势力范围，兼并他国的土地。社会秩序也变得动荡不安起来。列国卿大夫在争霸中逐渐发展了自己的实力，攫取了政权，卿大夫的家臣也慢慢掌握到实权，进而控制了国家的部分权力。出现了所谓"礼崩乐坏"的局面。战国时期，各国新兴地主阶级相继走上政治舞台变法改革，他们对以前的政治制度已经不再满足于修修补

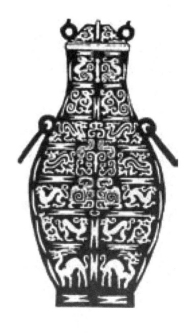

补，而是大刀阔斧地进行改革，于是，以君主为中心的中央集权的专制制度与郡县制度取代了宗法分封制度，以军功授爵的官僚制度取代了世卿世禄制度。

（二）经济背景

在经济上，铁器逐渐应用于农业生产，牛耕开始普遍推广，使得农业生产力迅速提高。铁器在春秋末年已经出现，但不普及，进入战国以后，无论农业还是手工业，都已经离不开铁制工具。《管子》里谈到：农夫必须有铁制的耒、耜、铫，女工必须有针和刀，制车工必须有斤、锯、锥、凿。否则他们就不能成其事。生产工具方面的变革和广泛使用既增强了开荒的能力，使可耕地面积增多，也为社会提供了更多的生产生活资料。春秋中晚期，在"井田"之外，出现了"私田"。随之而来的是私田的不断增多，土地逐渐可以交换，甚至买卖，井田制渐趋瓦解。战国时期，社会生产方式也开始转变，以一家一户为单位的个体耕作代替了犁耕为单位的集体协作，封建个体经济逐渐占主导地位；"工商食官"的局面逐渐破坏，出现了个体手工业者、商人。他们的行业很多，有铁工、木工、纺织、洗染、刺绣、制陶等。内部分工还很细，有专做鞋、帽、农具、炊具、车子以及专做葬具的。战国时期，参与商品交换的种类繁多，商品交换的地域也相当广，如北方

的走马、吠犬，南方的羽毛、象牙、皮革、丹青，东方的鱼、盐，西方的皮革、文旄等。手工业、商业繁荣的结果，城市也空前繁荣，出现了一些人口众多、经济发达的大城市。

(三)文化背景

在思想文化上，随着春秋末期孔子提出的"有教无类"的主张，社会也进入到一个"注重人事"、"私学"大兴、"百家争鸣"的新时代。在那里，传统的神权

观念和神权思想受到了"德"、"仁"思想的猛烈冲击、批判，"礼"思想、"法"思想成为社会意识形态的重要基础；"士"（知识分子）阶层出现，私学大兴。这些"士"阶层有文化知识，有政治谋略，有军事才能，他们的活动不受国界的限制，无论走到哪里，都受到统治者的礼遇，从这个意义上讲，士人的活跃，奠定了思想文化繁荣的基础。例如，春秋末期，邓析在郑国聚徒讲习法律；孔子在鲁国聚徒讲习六艺，后来发展为儒家学派；春秋战国之际，墨翟又聚徒讲学，发展成为墨家学派。此后，个人著书立说蔚然成风，道、法、名、兵、阴阳、农、杂等学派相继出现，形成了空前的"百家争鸣"的新气象。人们手中已经有很多书籍，学术文化开始步入民间，整个社会的文化、科学水平得到普及和提高。

西周奴隶制社会的运转，依靠的是两项权利原则：礼和刑。"礼"针对贵族，

"刑"针对普通百姓。在西周奴隶制社会礼里，各种社会关系主要依靠个人接触和个人关系来维持。天子、诸侯都生活在社会金字塔的顶尖，与普通百姓没有直接关系，而与百姓打交道的人，则是一些下级诸侯和小贵族。诸侯国之间的交往称为"礼"，而贵族依靠"刑"迫使庶民服从。到了东周时期，社会各阶层原有的僵硬界限逐渐被打破，大国之间侵略、兼并；这在春秋五霸、战国七雄之中可以得到印证。各国领导人都想在弱肉强食的残酷竞争中保存自己的国家，强大国家军事、政治、经济实力，强化国家的统治，就需要中央集权。面对这样的形势，儒家、道家、墨家等各派都力图解决君王的各种问题，即开始了后世学者所称道的先秦诸子之间的"百家争鸣"。各国君王最关注的不是怎样谋求民众的安居乐业，而是如何解决当前的严峻的国际形势。就这样，一班"方术之士"登上了历史的舞台。有一些人为他们鼓吹的统治方略提供理论依据，这就构成了法家的思想主张。

二、韩非的思想渊源

《史记·老子韩非列传》记载："韩非者，韩之诸公子也。喜刑名法术之学，而其归本于黄老。"从此以后，论法家思想者，必言始于黄老，或者说是道家的一个分支。

法家的源流，学术界上没有定论，有一说最早的法家人物为姜太公。暂且不论这个说法是否正确，最起码管仲作为法家人物是公认的定论了，并且著有著作

《管子》。

（一）子产

子产（？-前522年），复姓公孙，名侨，字子产，又字子美，郑称公孙。春秋时期郑国的政治家和思想家，是第一个将刑法公布于众的人，曾铸刑书于鼎，史称"铸刑书"，是法家的先驱者。他在郑国执政达二十六年之久，以其卓著的政绩和一系列社会改革措施，推动了社会经济的进步，赢得了民众的拥戴。被清朝的王源推许为"春秋第一人"。

鲁昭公六年（前536年），子产在郑国采取了一项重大的法律改革措施——"铸刑书"，即将法令条文铸在金属鼎上，公诸于众。这一举动在当时确实非同凡响。因为在以血缘关系为纽带的宗法制度下，统治阶级内部的关系调整，大多诉诸于"礼"，而对那些"形同畜产"的奴隶们，则毫无法律地位可言。奴隶主们可以随意处置和杀戮他们，这就是所谓"临事制刑，不预设法"的中国奴隶制社会的传统法律状况。在这种"无法可依"的社会状况下，国家暴力披上了神秘的外衣，具有了"威不可测"的无限权力。这种法权关系对于新兴的封建生产关系的发展，无疑是一种巨大的社会阻力。新兴地主阶级为了维护和发展其政治和经济利益，迫切需要改变这种法权关系，制定代表本阶级利益的法律制度，结束长期以来

奴隶主贵族垄断法律、以意代法的特权。子产"铸刑书"的举措，正是反映了新兴地主阶级的这一进步要求和社会发展趋势。

春秋动荡时期，子产在郑国为相数十年，顺应历史潮流，将以法治国的思想付诸实际行动，他以改革的远见卓识，在治国实践上，把君王、国民、权力三者有机地结合起来为郑国的复兴作出了突出的贡献。子产坚持宽猛相济的原则治理国家，厉行改革，取得了辉煌的成就，为

后人赞颂。其宽猛相济的法律思想对于我们今天更好地贯彻依法治国的主张有着重要的借鉴意义和启示。

（二）管仲

管仲（约前723年前716-前645年），姬姓，管氏，名夷吾，谥曰"敬仲"，中国春秋时期齐国颍上（今安徽颍上）人，史称管子。春秋时期的管仲，是著名的政治家、军事家和思想家。管仲少时丧父，老母在堂，生活贫苦，不得不过早地挑起家庭重担，为维持生计，与鲍叔牙合伙经商后从军，到齐国，几经曲折。后经鲍叔牙举荐，成为我国历史上最早的相，曾做齐桓公的宰相达四十年，九合诸侯、一匡天下，使之成为春秋五霸之首。孔子曾称赞管仲："微管仲，吾其被发左衽矣。"（《论语·宪问篇》）在治理齐国的过程中，管仲的依法治国思想具有重要作用，

对后世法治思想具有很大影响。

"依法治国"是先秦时期法家著名的主张，在中国历史上最早是在《管子》一书中提出的。《明法》篇中说："威不两错政不二门，依法治国，则举措而已。"即要以法作为治理国家的举措，使各类事情有法可依，只有这样才能治理好一个国家。《管子》在开卷第一篇《牧民》中说："仓廪实则知礼节，衣食足则知荣辱。"《乘马》篇中说:"地者,政之本也。是故地可以正政也。地不均平和调,则政不可正也。政不正,则事不可理也。"《治国》篇中说:"凡治国之道,必先富民。民富则易治也民贫则难治也。"可见,也就是国家的安定与不安定,人民的守法与不守法,与经济发展尤其是土地问题关系十分密切。如果解决不好经济问题,以法治国思想的产生就失去了重要的基础。人们连最起码的衣食都无法满足,饥寒交迫,就根本谈不上法治思想。

管仲非常重视依法治国的立法原则。《任法》篇中说:"夫生法者,君也;守法者,臣也;法于法者,民也。"但君主立法不能随心所欲,必须充分考虑制定法律所涉及到的各种情况,才能立法。为此,管仲提出了制定法律所要遵循的立法原则。

立法要遵循客观规律,顺应天道。执政者要遵循客观规律,顺应天道才能

兴旺发达。如果悖逆天道必将走向灭亡。所以管仲认为，立法者在立法上主要要遵循以下两条原则：《七臣七主》篇中说："春无杀伐；夏无遏水达名川；秋无涉过、释罪、缓刑；冬无赋税赏禄。"所以立法要遵循客观规律，不能以执政者的个人意志为转移；主张立法的内容要遵循客观规律，要在保证农业生产正常运行的前提下，适应春夏秋冬四个季节的不同要求而制定。《明法解》篇中说："舍公法

而行私惠，则是利奸邪而长暴乱也。"管仲认为，君主手中掌握着立法大权，这种特权是大臣与庶民所不能享有的，但君主也必须置于法的约束之中。法的重要作用是以"公"为宗旨，立法本身必须要去私欲，做到大公无私。

立法要顺应民情。管仲主张立法要顺应民情，要遵循以下三条原则：《枢言》篇中说："道之在天者，曰也，其在人者，心也。"《形势解》篇中说："人主之所以令则行、禁则止者，必令于民之所好，而禁于民之所恶也。"立法要关心百姓的切身利益，不要盲目立法，君主所立法的目的是要使百姓更好地生活，禁止一切危害到百姓利益的行为。《七法》篇中说："不明于心术，而欲行令于人，犹倍招而比射之。"作为立法者，只要真正懂得了心术，做到诚实、忠心、宽厚、仁慈、谦让、大度等，才能使法更好得以实施。《九守》篇中说："目贵明，耳贵聪，心贵

智。以天下之目视则无不见也，以天下之耳听则无不闻也，以天下之心虑则无不知也。"管仲认为，作为立法者，要善于听取百姓的意见、关心百姓的疾苦、维护百姓的意愿。

立法要具有权威性和时变性。在管仲看来，法一旦制定并公布出来，就已经具备了强大的权威性，要维护法的权威，君臣上下贵贱就都必须遵守。对于不遵守法者要严加惩罚，为此管仲特别提出要执法公允。《版法解》篇中说："有法不正，有度不直，则治辟，治辟则国乱。"可见，如果执法不公正，就不能得到合理的惩罚。如果执法不合理，亲疏远近有别、过多地注重感情、不符合公道，那些百姓的合法权益就得不到保障，就不利于社会的发展，就会导致国家的混乱，进而法的权威性就会大大消失。

同时，管仲认为法具有时变性。法为人民提供了一个共同的行为模式和行为准则，但法不是永恒不变的。要使法有效贯彻实施，就不能一成不变。《正世》篇中说："故其位齐也，不慕古，不留今，与时变，与俗化。"就是说，立法者要紧跟时代变迁，要从实际出发，使法随着世时和世俗的变化而变化，使法真正符合人民的切身利益。

管仲关于法的客观性、顺民情、权威性和稳定性等立法原则，为古代法治思想奠定了重要的理论基础，为后世的法治思想作出了巨大的贡献。

（三）李悝

李悝（前455年–前395年），嬴姓，李氏，名悝。战国初期魏国著名政治家、法学家。李悝是魏文侯心腹之臣，官至丞相，主持变法。

李悝在魏文侯时，任相十年，主持变法，是战国法家的始祖。《汉书·艺文志》有《李子》三十二篇，列为"法家"之首。司马迁说："魏用李克尽地力，为强君。"班固称李悝"富国强兵"。班固自注说三十二"名悝，相魏文侯，富国强兵。"这些记载都表明，文侯时魏能走上富强之路，李悝曾作出很大贡献。李悝的改革措施由于著作的不存，已不可全知，见于他书记载的只有关于经济和刑法两方面的措施。

李悝为了进一步实行变法，巩固变法成果，汇集各国刑典，著成《法经》一书，通过魏文侯予以公布，使之成为法律，以法律的形式肯定和保护变法，固定封建法权。《法经》的编订，是李悝在法律制度方面作出的重大贡献。

春秋末年，晋、郑诸国作刑鼎或刑书，以公布新的法律条文。到战国时，随着历史条件的改变，出现了更多的新的成文法典。李悝"撰次诸国法"，修订出《法经》六篇，包括盗、贼、囚、捕、杂、具。盗是指侵犯财产的犯罪活动，大盗则戍为守卒，重者要处死。窥宫者和拾遗者要受膑、刖之刑，表明即使仅有侵占他人财物的动机，也仍构成犯罪行为。贼律是对有关杀人、伤人罪的处治条文，其中

规定，杀一人者死，并籍没其家和妻家；杀二人者，还要籍没其母家。囚、捕两篇是有关劾捕盗贼的律文。杂律内容包罗尤广，包括以下几类：①淫禁。禁止夫有二妻或妻有外夫。②狡禁。有关盗窃符玺及议论国家法令的罪行。③城禁。禁止人民越城的规定。④嬉禁。关于赌博的禁令。⑤徒禁。禁止人民群聚的禁令。⑥金禁。有关官吏贪污受贿的禁令。如规定丞相受贿，其左右要伏诛，犀首以下受贿的要处死。具律是《法经》的总则和序例。《法经》出现后，魏国一直沿用，后由商鞅带往秦国，秦律即从《法经》脱胎而成，汉律又承袭秦律，故《法经》在中国古代法律史上有非常重要的地位。

（四）慎到

慎到（前390年-前315年），战国时期赵国人，曾习道家思想，为法家重要代表人物之一。齐宣王时，他曾长期在稷下讲学，在当时享有盛名。慎到对于法家思想在齐国的传播作出了贡献，著有《慎子》。《慎子》一书，司马迁《史记·孟子荀卿列传》中介绍说有"十二论"。徐广注释道："今《慎子》，刘向所定，有四十一篇。"班固《汉书·艺文志》著录为四十二篇，宋代的《崇文总目》记为三十七篇。清朝时，钱熙祚合编为七篇，刻入《守山阁丛书》。现存《慎子》只

有七篇，即《威德》、《因循》、《民杂》、《德立》、《君人》，《群书治要》里有《知忠》、《君臣》。由此可见，《慎子》的佚失情况相当严重。除上述篇目外，还有佚文数十条。

慎到重"势"。他的"势"就是势位、权势、权位或助力条件。《慎子》说：毛嫱、西施是天下无比的美女子，但穿戴用以打鬼驱邪的令人可怕的假面具，人们看见她们就吓跑了；而穿着精美服饰，则走路的人也要停止看上几眼。这说明美人借助形势凶恶的面具就可使人望而生怕；而改穿棉衣、改服美饰，则更令人注目赞美。这都是借助外力作用的例证。慎到尚法思想大体包括法所自来、法的功用、君道及一准于法几个方法，其君道和一准于法的理论，突出了限制君权的意义。

法自何而来？《慎子逸文》中回答得很干脆，"非从天下，非从地出，发于人间，合乎人心而已"，即因俗顺民置法出合。因俗顺民是齐国的政治传统，是民本主义的基础。《慎子·威德》"法制礼籍，所以立公义也……定赏分财必由法，行德制中必由礼"的说法，是礼与法相互为用的主张。对于法所自来，《慎子逸文》记述了"有虞之诔：以巾蒙巾当墨，以草缨当劓"等"画衣冠，异章服"的远源，即说明了法始自虞舜、名以"象刑"的原始刑法。而法的功用和效能在于"齐在下之动"，一万人之行。《慎子逸文》指出："法

者，所以齐天下之动，至公大定之制也。故智者不得越法而肆谋，辩者不得越法而肆议，士不得背法而有名，臣不得背法而有功。我喜可抑，我仇可窒，我法不可离也。骨肉可刑，亲戚可灭，至法不可缺也。"

法的功用和效能在于"一人心"、"立公义"。《慎子·威德》再作阐述："法虽不善，犹愈于无法，所以一人心也。夫投钩以分财，投策以分马，非钩策为钧（均）也，使得美者不知所以德，使得恶者不知所以怨，此所以塞愿望也。故蓍龟所以立公识也，权衡所以立公正也，书契所以立公信也，度量所以立公审也，法制礼籍所以立公义也。凡立公，所以弃私也。明君动事分功必由慧，定赏分财必由法，行德制中必由礼。故欲不得干时，爱不得犯法，贵不得逾规，禄不得逾位，士不得兼官，工不得兼事。以能受事，以事受利。""一人心"即齐一人心。法虽不完

善，犹强于无法，是"至法不可缺"的延伸说法。钩、策是用以立公定分的信物。用投钩、投策的方法分财、分马，为的是使人各足所得、各守所分而免除因美恶的嫉羡而争夺，故称"所以塞愿望也"。蓍龟、书契、度量直至法制礼籍，同样是人赋予以立公识、立公正、立公信、立公审、立公义效用的信物或尽度。但公正既立，则应具有破除私偏的效力。英明君主用智慧动事分功，用法度定赏分财，用

礼数节制行德的适中；或者说，凡善于智慧、法度、礼数兼行并用的君主就是明君。明君治国，虽有私欲不得违反时势，受宠专爱者不得犯法，达官显贵不得越规行事，禄赏俸酬不得超越位，士人、百工各安分守职；按能力任事，以所事受禄利，一切取决于"立公"、"弃私"之实。慎到强调"立公义"就是建立天下人共同遵行的标准，用以维持社会秩序。而这个公义的建立只能由法来完成。

《慎子逸文·太平御览》："法之功，莫大使私不行；君之功，莫大使民不争。今立法而行私，是私与法争，其乱甚于无法。治国无其法则乱，守法而不变则衰，有法而行私谓之不法。"法的功用是立公，故立公以私不行为大。怎样才得私不行呢？关键在于立公者无私。君的作用是立法，故法立而民不争为大。怎样才得民不争呢？关键在于立法者无欲。治国必依法，立法要适时变法。法既立而私行止，是慎到赋予法的根本作用。立法是为了"立公义"。则天子或国君职在立法之位、掌立法之权，故天子或国君便是法或公义的象征。古代立天子而尊贵他，就是因为他能建立公义并主持公义。由此可见，奉立天子是为了广利天下，并非为专利天子一人；置立官长是为了管理好官（公）事，并非为专利官长一人或少数人。《威德》说："古者立天子而贵之者，非以利一人也。曰天子无一贵，则理

无由通，通理以为天下也。故立天子以为天下，非立天下以为天子也；立国君以为国，非立国以为君也；立官长以为官，非立官以为长也。"天子之贵贵在"通理以为天下"。故知不能为天下而通理的天子则不足以贵。为平天下而立天子，为治国家而立国君，为管理公事而立官长。故天子、国君、官长必以天下、国家、官事为本，即以民众为本；而不是以天子、国君、官长本身的权利为本；换句话说，天子、国君、官长不能有家天下、家国家、家官位的私心。这里体现了慎子立法、"立公议"而基源于民本的思想。

既然唯法才能"立公义"，因而必须事事"断于法"，即"一准于法"而求合公义。人君为天下、国家而"通理"，因而必须实行"一准于法"而自不例外，因其负有齐一万民的重大责任。《慎子逸文》："民一于君，事断于法，是国之大道也。"

人君实行一准于法。

首先要做到君臣各司其职，不包办代替，不专断独擅，不集中国家权力于人君一身。《慎子·民杂》强调了这点："君臣之道，臣事事而君无事，君逸乐而臣任劳。臣尽智力以善其事，而君无与焉，仰成而已。故事无不治，治之正道然也。人君自任，而务为善以先下，则是代下负任蒙劳也，臣反逸矣。……是以人君自任而躬事，则臣不事事，是君臣易位也。谓之

倒逆，倒逆则乱矣。"慎到"臣事事而君无事，君逸乐而臣任劳"的主张，表面看是强调君臣各司其职，互不包办代替；其实则是限制君权无限膨胀，国事独揽专断。《史记·秦始皇本纪》说秦始皇："天下之事无大小皆决于上，上至以衡石量书，日夜有呈，不中呈不得休息。"国君独揽专断就是"君臣易位"。君臣易位叫做"倒逆"，"倒逆则乱矣"，秦始皇树立了典型。秦王朝的暴兴暴灭，是独夫政治的必然结果。

其次便是"事断于法"。有法无亲，有公无私，君臣民众"唯法所在"，都是"事断于法"。《慎子·君臣》强调君必依法行事："为人君者不多听，据法依数以观得失。无法之言，不听于耳；无法之劳，不图于功；无劳之亲，不任于官。官不私亲，法不遗爱。上下无事，唯法所在。听言、图功、任官必由法。故虽亲而无功劳者，不能枉法而任之为官。公事不私于亲而损公济私，法度不遗于爱而有罪必罚，即亲疏远近，一律于法。"可见，"唯法所在"和"舍法而以身治"是对立的；并可以此标准而判定明君昏君。因此，《君人》篇指出："君人者，舍法而以身治，则诛赏予夺从君心出矣……是以分马者之用策，分田者之用钩，非以钩策为过于人智也，所以去私塞怨也。故曰大君任法而弗躬，则事断于法矣。法之所加，各以其分，蒙其赏罚而无望于君也，是以怨不生

而上下和矣。"

"以身治"就是人治,"诛赏予夺从君心出",就是人治的规范。人治是中国传统的治道,大抵完善于周公,孔丘、荀况都倡导人治。秦始皇父子把人治推向极端。西汉夺取了秦朝政权,但把人治制度进一步完善和确定下来。因而中华民族就是在人治制度的枷锁之下挣扎了两千多年!"事断于法"和"任法"都是法治。法治和人治是对立的。法治就是要"骨肉可刑,亲戚可灭"、"上下无私,唯法所在",使上下、君臣、民众一准于法。

废止人治必以法治。实行法治则"怨不生而上下和",因此可保长治久安。这就是慎到法治思想的核心和精华。

（五）商鞅

商鞅（约前395年-前338年），汉族，卫国（今河南安阳市内黄梁庄镇一带）人。战国时期政治家、思想家，先秦法家代表人物。商鞅早年为魏国宰相公叔痤家臣。公孙痤病死后，魏王并没有重用商鞅。后来听说秦孝公下令求贤者，便携同李悝的《法经》到秦国去。通过秦孝公宠臣景监，三见孝公，商鞅畅谈变法治国之

策，孝公大喜，商鞅得到了施展他变法理想的舞台。商鞅变法的主要内容为：建立新型的军功爵制，激励士兵奋勇杀敌；奖励耕织，保证了秦国后方粮草充足；制定新法，使得百姓各司其职，安分守己。秦国自商鞅变法后，迅速成为一个强大的诸侯国，为后世统一天下奠定了基础。

"定分"、"立禁"体现权利保护思想。他认识到"定分"与"止争"的关系。他指出："一兔走，百人逐之，非以兔可分以为百，由名分未定。夫卖兔着满市而盗不敢取，由名分已定也。"他所说的"名分已定"，显然是指归属已定，即所有权已经明确。他已经认识到人类社会最初没有国家没有法律，法律是社会发展到一定阶段的产物。已经看到法律产生与权利保护的关系，"初步接触到了国家与法律是适应保护私有制的需要而产生的这一唯物主义的命题"。

"缘法而治"的法律工具论。商鞅以重法著称，他极力主张以"法"代"礼"，反复告诫国君"不可须臾忘于法"。他认为，法之重要，是因为它有"定分止争"和"兴功禁暴"的作用。"缘法而治"是法家的基本主张，最早由商鞅在秦国实施。商鞅在变法时，改"法"为"律"，并不是简单的名称改变，它体现了商鞅对法律的公开性和普遍性的重视。因为"法主要强调的是内容方面的公平与公正；而律则侧重于法律规范在适用上的普遍性

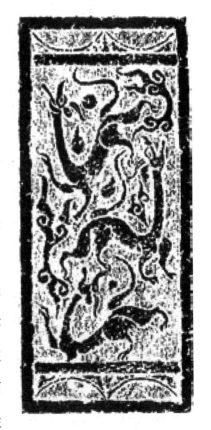

和统一性"。

"刑无等级"、"不赦不宥"的法律适用平等思想。商鞅指出:"法者,国之权衡也。"他将法律看做是称轻重的权衡,量长短的尺度,判断是非功过和行使奖罚的公平标准。他反对"刑不上大夫"的旧传统,否定贵族的特权,主张法律的统一性和平等性。强调在行赏施罚时要做到"不失疏远,不违亲近",有功必赏,有罪必罚。他在关于法律面前贵贱平等的观点,表述得很明确。

在商鞅的"法治"思想中,还有"以刑去刑"的思想。这历来被认为是他为实行重刑而寻找的根据,因此是虚伪的借口。但是,"以刑去刑"的思想已反映出商鞅认识到法律被普遍、自觉地遵守的重要性。他从用刑的目的是"无刑"、"去刑"的角度去说明"重刑"的合理性、正当性,这说明他已初步接触到刑罚公众价值的议题。

（六）荀子

　　荀子（约前313年-前238年）名况，字卿，因避西汉宣帝刘询讳，"荀"与"孙"二字古音相通，故又称孙卿。汉族，周朝战国末期赵国猗氏（今山西安泽）人。著名思想家、文学家、政治家，儒家代表人物之一，时人尊称"荀卿"。曾三次出齐国稷下学宫的祭酒，后为楚兰陵（今山东兰陵）令。荀子对儒家思想有所发展，提倡性恶论，常被与孟子的性善论比较。对重整儒家典籍也有相当的贡献。

作为先秦时期最后一位大儒，荀子以"隆礼重法"为原则来搭建其体大思精的理论框架。他继承孔子的"礼治"思想，将礼乐在强国安民方面的重要作用表述得无以复加。他说："隆礼贵义者，其国知；简礼贱义者，其国乱。"（《荀子·议兵》）"礼者，治辨之极也，强国之本也，威行之道也，功名之总也。王公由之所以得天下，不由所以陨社稷也。"

（同上）"礼者，断长续短，损有余，益不足，达爱敬之文，而滋成行义之美者也。"（《礼论》）"礼之所以正国也，譬之犹衡之于轻重也，犹绳墨之于曲直也，犹规矩之于方圆也。"（《王霸》）对礼治的这种高度重视，表明荀子沿着孔子"克己复礼"的思想路线继续开拓，将周公以来的礼乐传统视为治国安邦不可或缺的核心理念。

除了强调礼治，荀子还吸纳了法家思想，援法入礼，认为礼治与法治必须双管齐下，在彰显礼治的同时，也凸显了法治的重要。他从人性恶的角度阐发了礼法并用的思想，指出："古者圣王以人之性恶，以为偏险而不正，悖乱而不治，故为之立君上之势以临之，明礼义以化之，起法正以治之，重刑罚以禁之，使天下皆出于治，合于善也。"（《性恶》）在他看来，为了改善人性之恶——"目好色，耳好声，心好利，骨体肤理好愉佚"，既需

要礼乐的熏陶与教化，也需要法治的约束与修正。刑罚是治理社会的有效手段，为了遏制罪恶，惩罚恶人，甚至有用重刑的必要，因为"罪至重而刑至轻，庸人不知恶矣，乱莫大焉"（《正论》）。对法治、重刑的这种认识，表明荀子已将法家思想充实到他的思想体系之中。

不过，富有法家精神的荀子，毕竟还是将礼治看得高于法治，据统计，"'礼'字在荀子的书中出现了342次，'法'字出现了182次，'礼'出现的频率远远高于'法'"（韩星：《儒法整合：秦汉政治文化论》）。"礼"、"法"之间的主次之分是十分清楚的。商鞅变法以来，秦国已然形成了重霸道、轻王道的治国传统，荀子曾远赴秦国考察，尽管他对秦国颇多赞赏，认为秦国的百姓朴实，"甚畏有司而顺"，秦国的官吏"莫不恭俭敦敬，忠信而不楛"，秦国朝廷"百事不留，恬然如无治者"。如果仅从法治的角度观察，则秦政无疑臻于成功；但若衡之以儒家王道的标准，"则倜倜然其不及远矣！是何也？则其殆无儒邪！……此亦秦之所短"（《强国》）。从儒者的立场出发，荀子对秦政明确作出批评，认为秦国统治者忽视儒者倡导的仁义礼法，这是秦国与理想社会相距甚远的原因所在。

三、韩非及其主要思想

（一）韩非的生平

韩非（约前280年-前233年），战国末年韩国宗室贵族，"喜刑名法术之学，而其归本于黄老"，曾与李斯一起求学于荀卿。他从小口吃，不善言辞，但天资聪慧，又勤奋好学，很早就开始著书立说，并闻名于世。

学成归国的韩非，看到当时的祖国积弊甚重，国势衰微，曾"数以书谏韩

王",希望以自己的能力帮助国家变法图强,可惜昏庸的韩王执迷不悟,根本听不进他的意见。失望的韩非只得埋头写作,把自己的理想和主张写进书里,这使他成为先秦法家思想的集大成者,其主要著作有《孤愤》、《五蠹》、《内外储》、《说林》、《说难》等。

韩非反对儒家说教,认为"儒者用文乱法",也反对游侠行为,说"侠者以武犯禁"。他主张"以法为教","以吏为师"，"赏后而信，刑重而必"。他强调，治国要有法律，明确指出"为治者不务德而务法"。法的制订，应"编著之图籍，设之于官府，而布之于百姓"。法是整个社会的行为准则和规范，必须做到"法不阿贵，绳不绕曲，法之所加，智者弗能辞，勇者弗取争，刑过不避大臣，赏善不遗匹夫"。这在某种意义上与"法律面前人人平等"的意思相近。他还综合前人商鞅（前390年-前338年）的"法"治，申不害（前385年-前337年）的"术"治和慎到（前395年-前315年）的"势"治，提出"法、术、势"三合一的统治术。

"法"指现行的法令法规，"术"指操纵臣属的手段，"势"指国君拥有至高无上的权势（所谓君权神授）。可以说，中国封建专制主义集权统治的建立，韩非的学说起到了相当大的影响。

在人性是善还是恶的问题上，韩非继承老师荀子的"性恶论"，认为人人都

有"欲利之心",人际间存在利害关系,即使亲如父子也是如此。他说,"父母之于子也,产男则相贺,产女则杀之"。为什么?"虑其后便,计之长利也。故父母之于子也,犹用计算之心以相待也,而况无父子之泽乎?"夫妇之间也不例外。整个社会都处于利害关系之中,统治者与人民之间更是对立的双方。因此帝王们要巩固政权,就必须用暴力强迫人民,使其心悦诚服地接受管理,如果人民反抗,则必须用严刑峻法予以制止。他说:"夫严家无悍虏,慈母有败子,吾以此知威势之可以禁暴,而厚德之不足以止乱也。"他还认为,实行轻罪重判,可以使"小过不生,大罪不至"。

在哲学上,韩非发展了荀子的唯物主义,反对"前识"(即先验论),主张"循名实而定是非,因参验而审言辞"。他最早提出"理"这个哲学概念,并论述"理"与"道"的关系——"道者万物之所成，理者成物之文也"。即"道"是事物运动的普遍规律，"理"是具体事物的特殊规律。因此他说："万物各异理，而道尽稽万物之理，故不得不化。"他还主张"缘道理以从事"，反对"无缘而妄意度"，并提出"世异则事异"，"事异则备变"的历史观。他还认为，天不能主宰人事的吉凶，人可以胜天，人可以把天当做物类加以利用。

逻辑严密，议论透彻，锋芒犀利，说服力强，是韩非文章的一个主要特点。例

如，他在《亡征》篇里，一口气谈了国家可亡之道达47条，让人感到处处都有亡国的危险，可谓惊心动魄。最后却平静地说道："亡征者非曰必亡，言其可亡也。"意思是，说有亡征，并不一定就会亡，我在这里主要是给君主们提个醒，平时要多注意某种征象，做到防患于未然，才能确保江山的长治久安。韩非还喜欢用寓言阐述深奥的道理，使文章显得生动活泼。这些寓言后来很多被提炼为成语，如"守

株待兔"就见于《韩非子·五蠹》。他在这篇文章里，列举了历史上的许多事例，指出："圣人不期修古，不法常可，论世之事，因为之备。"接着就讲了一个故事，说宋国有个农夫在一株树下捡到一只撞死的兔子，以后老是在那里等待，以为还有这种机会，结果只能落空。他以这个故事说明，"今欲以先王之政，治当世之民，皆守株之类也"，即历史是不断发展的，因循守旧行不通。韩非的著作很快就流行于当时各国。《史记》这样写道："人或传其书至秦。秦王（即嬴政）见《孤愤》、《五蠹》之书，曰：'嗟乎，寡人得见此人与之游，死不恨矣！'"可见秦王嬴政对韩非著作的喜爱已到了无以复加的程度。为了急于得到韩非，他迅速派兵攻打韩国。韩王原先对韩非认识不足，弃而不用，现在才发现其价值。可是大军压境，不把韩非送给秦国是绝对不行的，韩王无奈，只得"遣非使秦"。秦王如愿以偿地

得到自己的"偶像"韩非，按说一定会委以重任才对，然而人们看到《史记》的记载却是这样的，"秦王悦之，未信用"。为什么秦王那样喜爱韩非的著作，甚至不惜动用武力把他抢过来，而到手之后，却"未信用"呢？司马迁没有正面回答这个问题。但他强调指出，"韩非知说之难，为说难书甚具，终死于秦，不能自脱"，这分明暗示，在与秦王的对话中，韩非可能说了些秦王不喜欢听的话，因而被闲置起来。笔者读《韩非子·初见秦》，就有这种感觉，认为韩非虽然在文章中为

秦王统一六国而积极献言，却有意无意地否定过去，如"秦当霸而不霸"，"谋臣皆不尽其忠也"。

自以为是的秦王对这种批评能接受吗？在秦王身边任丞相的老同学李斯看到这种情况，既高兴，又担心。高兴的是秦王没有信任韩非，担心的是有朝一日秦王又重用韩非，会对他造成严重威胁，因为早在荀卿那里求学时，他就深知韩非比自己能干。于是他勾结姚贾，在秦王面前说韩非的坏话："韩非，韩之诸公子也。今王欲并诸侯，非终为韩不为秦，此人之情也。今王不用，久留而归之，此自遗患也，不如以过法诛之。"这种没有任何事实作为依据的推理，等于造谣，但秦王竟然听信，并"下吏治非"。李斯见阴谋得逞，不等有关部门判决下来，便抢先一步，派人给韩非送去毒药，让他自杀。韩非看到秦王竟是如此的反复无常，非常悲愤，也清楚自己难逃一死，但他并不

害怕，只希望在死前能够再见一见秦王，然而这个要求也被李斯断然拒绝了。之后，秦王对诛杀韩非的决定感到后悔，派人前去赦免韩非，此时的韩非已然在狱中自杀身亡了。

韩非的死无疑是个悲剧。究其原因，一是死于李斯的妒嫉，这与庞涓暗算孙膑同出一辙，都是师兄弟不相容所造成，比起为宿敌所害，更让人叹息；二是死于秦王的一时糊涂，作为韩非著作的忠实读者的秦王，本应很好地重用这个能人，却因误听谗言而杀了他。但更主要的是死于他深知的说话难。

在《说难》篇中，韩非指出人臣与主子说话的种种难处："与之论大人（有道德有地位的人），则以为间己（挑拨离间）；与之论细人（见识浅薄地位卑微的人），则以为卖重（卖弄身价）。论其所爱，则以为借资（拉关系）；论其所憎，则以为尝己（搞试探）。径省其辞，则不之而屈之（指笨拙不会办事）；泛滥博文，则多而久之（指啰哩啰嗦）。顺事陈意，则曰怯懦而不尽（说你胆小不敢尽言）；虑事广肆，则曰草野而倨侮（说你粗野不懂礼貌）。此说之难，不可不知"，"故谏说之士不可不察爱憎之主而后说之矣"。可以看出，与主子说话的难处，韩非是相当清楚的，他还告诫人们"不可不知"。然而，知道是一回事，做起来又是一回事，韩非最终还是没能逃脱因"说"所带来的杀身之祸。正如司马迁所叹息的，"余独悲韩子为《说难》而不能自脱耳"。

（二）韩非的主要思想

1.性恶论

"性恶论"是以荀子为代表的，韩非是在其师荀子思想理论的基础上进一步丰富了"性恶论"的内容，深化了"性恶论"的内涵。本文认为韩非的性恶论的主张的产生和形成与其性格和人生际遇有很大的关系。

首先，从生长环境来看，韩非是韩国的公子，韩非出生并成长于深宫之中。大家都知道宫廷之中充满了尔虞我诈,勾心斗角。而韩非则是长期陷于这种权力斗争的中心,于是他对官场的阴暗面极其明了与熟悉,对官场特别是宫廷的丑恶更是看得入木三分。从小深受这些人性负面的影响,使他用失望和恶毒的眼光来看待周围的人和事,对人性充满了失望和失落。

其次,其身体缺陷,更加深了其对世界阴暗面的理解和憎恶。《史记》中说韩非"为人口吃,不能道说,而善著书"。这种生理上的压抑长期得不到有效的释放和排解,必然会使他对人性的阴暗面看得更加清楚,并且对阴暗面的理解和领悟也会更加深刻。这就更加重韩非本已无法承受的"说难"、"孤愤",强化他人生的怀疑、苦涩和对现实世界的失望。

最后,从其人生境遇来看,韩非是英雄无用武之地,其才华得不到应有的发挥。韩非在本国得不到重用,他真是"哑

巴吃黄连，有苦难说"。后来到了秦国，虽然得到了秦始皇的赏识，但是遭到小人的嫉妒和陷害，不到一年就在监狱中饮毒自尽了。在官场上可以说韩非一直以来都是不得志的。

从上文的分析可以看出韩非应当是一个有阴暗阴影的、孤独的、自卑而又骄傲的人，他性格比较偏激和极端，缺少人性关怀，其人生境遇是从富家公子到阶下囚，可谓一波三折。这些不同寻常的因素，使得在韩非的思想中被注入了不同于常人的冷峻和阴暗。本文认为，这是韩非性恶论思想形成的重要原因之一。韩非的"性恶论"是着眼于人没有感情、自私自利、互不信任、互相猜忌残害，他认为"好利恶害"是人的本性。韩非的法律起源人性观，是指在"物寡人众"的社会条件下，由于人们的争斗，法律才担当起"禁暴"、"止乱"的职能。他认为人与人之间就是纯粹的利益关系，甚至父母子

女、夫妻、君臣之间。他认为人人皆好利

恶害，"夫民之性，恶劳而乐佚"，"好利

恶害，夫人之所有也……喜利畏罪，人莫

不然"。就是说好利恶害是每个人的自然

本性。并且人性的好利是由人的本能所

决定的。他说："以肠胃为根本，不食则不

能活，是以不免于欲利之心。"韩非认为

人们一切行为的直接驱动力就是利益，

所以，对于人的一切行为，就不必用道德

去衡量、评价，一切都是利益驱动的。韩

非举了很多例子来说明这个问题：

首先，普通人之间是利益关系。"医善吮人之伤，含人之血，非骨肉之亲也，利所加也。故舆人成舆，则欲人之富贵，匠人成棺，则欲人之夭死。非舆人仁而匠人贼也，人不贵则舆不售，人不死则棺不卖，情非憎人也，利在人之死也。""夫卖庸而播耕者，主人费家而美食，非爱庸客也。庸客致力而疾耕耘者，非爱主人也，曰：羹且美。"他认为普通人之间不会有真实的情感，都是以自己的私利为基础，为了一件事，或不为一件事。也就是说人

们之间除了利益之外什么都没有了。

其次，夫妻之间、父母子女之间也是利益关系。韩非认为人人都是自私的，所有社会成员之间的关系都建立在自私自利的基础上。人们相互间是一种纯粹的利害关系，连家庭成员之间也是如此。"为人主而大信其子，则奸臣得乘其子以成其私，故李兑傅赵王而饿主父。为人主而大信其妻，则奸臣得乘于妻以成其私，故优施傅丽姬，杀申生而立奚齐。夫以妻之近与子之亲而犹不可信，则其余无可信者矣。"丈夫对待妻子，是"爱则亲，不爱则疏"，不存在"骨肉之恩"；父母与子女之间，"父母之于子也，产男则相贺，产女则杀之"。

最后，君臣之间亦是利益关系。儒家学派强调君臣相依，君臣之间要讲究信、忠、仁、礼。但是韩非不相信这一套，他直截了当地指出君臣之间是赤裸裸的买卖关系，就像市场上的交易。"臣尽死力以与君市，君垂爵禄以臣市。君臣之际，非父子之亲也，计数之所出也。"君臣之间没有血缘关系，也不必讲什么道德，"主卖官爵，臣卖智力"，相互交换买卖而已。君臣之间没有道德可言，那就更没有说什么信任可言，"夫以妻之近与子之亲而犹不可信，则其余无可信也"。

韩非虽然认为人性是好利恶害的，但这种人性也不是不可以改变的，他认为

通过学习人的这种好利恶害的人性观是会有所改变。并且也提出了限制这种人性的方法：一是利用法治来限制人的私欲，即"必罚以禁邪"；二是根据互利的原则引导自利的人性走上正轨，即"以利之为心"。他认为严格的法治能够有效地抑制人性恶的膨胀，使人们考虑到犯恶的后果，以至于不敢作奸犯科。并且认为适用重刑是法治的有效手段之一，能够有效地抑制人性的好利恶害。

2.重刑思想

重刑思想源于先秦时期法家的"法治"理论，在中国法学史上占有重要地位。"重刑"虽给人以不人道甚至残酷的印象，但重刑对历史的进步性有着不可替代的作用。重刑思想在秦统一六国，建立中国第一个封建专制王朝中发挥了巨大的作用。此后，由于"重刑"思想适应了封建君主专制统治的需要，使其在以后的各个封建王朝都占据着重要地位。

韩非并不是第一个提出重刑思想的人，他的重刑思想只是中华传统法律文化的代表之一。在韩非以前，商鞅已经系统地论述了重刑理论，他指出只要"重轻罪"，就可以做到"以刑去刑"。韩非作为先秦法家思想的集大成者，不仅吸收、借鉴了商鞅的重刑主张，而且将其提到了一个新的高度："故明主峭其法，而严其刑也。"也就是说，重刑是君主治国安邦的首要条件，是维护君权的重要法宝。

何谓重刑？"所谓重刑者，奸之所者

细，而上之所加焉者大也；民不以小利蒙大罪，故奸必止者也。"重刑就是让违法的人为违法行为得来的利益大大小于为此行为所受到惩罚所带来的损失的一种刑罚方法。从韩非给重刑所下的定义来看，他是从功效的角度来看待重刑的。很明显，"好利恶害"的人性论是他提出此说的理论依据。

缘于人性恶的思想根源，韩非对儒家以德教治国的主张报以嗤之以鼻的态度，"仁义爱惠之不足用，而严刑重罚可以治国也"。他主张只有施行重刑酷法才能使人畏惧，不敢以身试法，才能达到国泰民安的目的。他认为轻刑等于无刑，只有严刑峻法，才能止奸息暴；只有"以刑去刑"，才能达到政治的稳定。韩非继承了先秦法家的重刑思想，并提出了自己的重刑主张：

（1）信赏必罚

"信赏必罚"是指法律明文规定的

东西必须付诸实施，要树立法律的绝对权威。"赏莫如厚而信，使民利之；罚莫如重而必，使民畏之，法莫如一而固，使民知之。故主施赏不迁，行诛无赦，誉辅其赏，毁随其罚，则贤、不肖俱尽其力矣。"施行奖赏应该优厚而且要说到做到，使人们认为有所贪图；施用惩罚应该严厉而且要坚决执行，使人们畏惧。"言赏则不与，言罚则不行，赏罚不信，故士民不死也。"赏罚的作用不仅体现为受到赏罚的对象，更是为了扩大影响、以儆效尤、树立法律权威。

（2）厚赏重罚

在韩非看来，"厚赏重罚"中，厚赏是为了鼓励臣民继续立功，重罚是为了威吓臣民不敢犯法，即"赏厚则所欲之得也疾，罚重则所恶之禁也"。提倡重刑，正如韩非所言"所谓重刑者，奸之所利者细，而上之所加焉者大也；民不以小利蒙大罪，故奸必止也"。实施重刑，就是要让那些违法的人为其行为负责，使其得来的利益相比遭受的惩罚小得多，而为此所受到非常重的刑罚。韩非强调"重刑"就是要重到能有效地预防犯罪的程度。"重罚"是为了造成一种恐怖气氛，用以威慑臣民，使之不敢再触犯法律。韩非认为，重刑符合人的"好利恶害"的本性，是为了"去奸"、"去刑"。

（3）轻罪重罚

韩非说："所谓重刑者，奸之所利者

细，而上之所加焉者大也；民不以小利蒙大罪，故奸必止者也。所谓轻刑者，奸之所利者大，上之所加焉者小也；民慕其利而傲其罪，故奸不止也。""轻罪重罚"就是要形成刑与罪之间的巨大反差，告诫臣民不以小利而蒙大罪。杀一儆百是为了扩大刑罚的威慑影响，运用严刑苛法制止犯罪。只有"刑九赏一"才能"以刑去刑"。韩非说："古之善守者，以其所重禁其所轻，以其所难禁其所易，故君子与小人俱正。"重刑只是手段，其目的在于建立不使用刑罚的理想的"法治"国家。

由上文可以看出，韩非的重刑思想并不是凭空产生的，而是建立在一定的理论基础之上的。上文我们谈到韩非继承了其师荀子的"性恶论"的观点，其认为人性本来就是恶的，人生来"好利恶害"的。由于人的本性是恶，那么人与社会之间、人与人之间就必然会发生争斗。韩非认为要防止和解决争斗仅仅使用道德是不够的，要使用法律来约束人的行为。

韩非反对无条件地满足人民的欲望，主张在法律允许的条件下，使人民的欲望得到满足，如果是法律不允许的行为，那么就要受到法律的惩罚。因此要在全国的范围内推行法律，使人们的行为都受到法律的约束，这样一来，就可以防止争斗的发生。如果人们为了自己的私利违反了法律，韩非主张用重刑来惩治人们的违法行为。因为他认为"所谓重刑者，奸之所利者细，而上之所加焉者大也；民不以小利蒙大罪，故奸必止者也。所谓轻刑者，奸之所利者大，上之所加焉者小也；民慕其利而傲其罪，故奸不止也"。施用重刑就能使民众因害怕违法犯罪带来的严重后果，而约束自己的行为，尽量不去犯罪。

同时韩非认为对犯罪人适用重刑，还可以达到以儆效尤、预防犯罪的作用。

因为人天性是恶的，是"好利恶害"的，为了自己的私利犯罪的可能性很大。一般来说，犯罪代价越小，获利越大，犯罪的意念就会强烈，如果对犯罪人使用重刑，那么他犯罪所得到的惩罚就会大于他通过犯罪行为所获得的利益，那么他的犯罪意志就会被抑制，这就达到了预防犯罪人再次犯罪的目的。同时使一般的民众看到犯罪人所受的刑罚的痛苦，那么他们在实施犯罪行为之前就会"三思而后行"，大部分人都会选择不实施犯罪行为，从而达到预防一般民众犯罪的目的。因此重刑不但可以惩罚犯罪，还可以预防犯罪。

韩非是战国末年法家思想的集大成者，也是我国古代一个卓越的思想家，他积极倡导的专制主义理论，为秦国的统一提供了理论基础，对以后两千多年的政治，发生了深远的影响。韩非思想中的进步性和反人民性并存于他的具有矛盾

的思想体系中。他只看见争取国君、打击旧贵族以满足封建地主阶级的要求，而没有照顾到其他阶级，如工商业者，特别是广大农民阶级的要求。

3.法、术、势的政治思想

韩非的政治思想体系是"以法为本"的法、术、势三者的结合。它的出发点是历史进化观和社会矛盾观。根据他的说法，人口既然愈来愈多，而财富却相对地愈来愈少，争夺也就愈来愈激烈，所以在

"当今争于气力"的时代，就必须用"倍赏累罚"的法治来维持社会秩序。他在《五蠹》篇说："夫古今异俗，新故异备，如欲以宽缓之政，治急世之民，犹无辔策而御马。此不知之患也。"因此，韩非主张用暴力去镇压一切反抗者，建立君主专制的政权。

韩非子的法治思想主要有两个来源。一是源于荀子。荀子隆礼重法。韩非丢掉了隆礼，而大大地发展了重法。二是源于商鞅、申不害和慎到。商鞅在秦变法，大有成就，本编已别有传。申不害，"故郑之贱臣"，相韩昭公，内修政教，外应诸侯。终不害之身，国治兵强，无侵韩者。史称其"学本于黄老而著刑名。著书二篇，号曰《申子》"（《史记·老子韩非列传》）。《申子》早佚，有《大体篇》，保存在《群书治要》中。慎到，赵人，与齐人田骈、接子、淳于髡、楚人环渊等，都是齐的稷下先生。慎到著书，《史记》

称其有十二论,《汉书·艺文志》著录"有《慎子》四十二篇"。慎到书,也久佚,清人存辑本。韩非把商鞅论法、申不害论术、慎到论势,加以分析扬弃,发展成为法家的新的思想体系,使他成为法家学说集大成的人物。

韩非所谓的"法",就是法令,是官府制定、公布的成文法,是官吏据以统治人民的条规。术,就是权术,是君主驾驭、使用、考察臣下的手段。法和术的显著区别,一个是向国人公布,一个是藏在君主的"胸中","故法莫如显,而术不欲见。是以明主言法,则境内卑贱莫不闻知也,用术,则亲爱近习莫之得闻也"(《韩非子·显学》)。《定法》篇是韩非对申不害、商鞅的变法理论和实践的分析总结,并指出法、术结合的必要性。

韩非有见于申不害只讲术不重法的弊病,指出:"申不害不擅其法,不一其宪令,则奸多",所以申不害辅佐韩昭侯治国十七年,仍然不能使韩国实现"霸王"之业。韩非又见于商鞅只讲法不用术的弊病,指出鞅之治秦,虽有法以致富强,"然而无术以知奸,则以其富强也资人臣而已矣"。它的结果是"战胜则大臣尊,益地则私封立"。所以,凭借秦国的强大力量,长达几十年都不能实现"帝王"的事业,这是由于官吏虽然勤谨守法,而君主却不用"术"所造成的。为此,他用答客问的形式,说明法和术的不可偏废。他把法和术,比喻为衣和食,说明治理国家法

和术缺一不可。他说:"君无术则弊于上,臣无法则乱于下,此不可一无,皆帝王之具也。"

韩非认为,申不害讲的"术",商鞅用的"法",也还不完善。"二子之于法、术皆未尽善也。"他引申子的话说:"治不逾官,虽知弗言。"他接着批评说,官吏办事不超越自己的职权。说是"守职",那是对的,但知道自己职权以外的事不说,那就错了。因为君主了解全国的情况,要依靠官吏。如果官吏知道了自己职权以外的事不说,君主还依靠谁做耳目呢？他又引商鞅之法说："'斩一首者爵一级，欲为官者，为五十石之官。斩二首者爵二级，欲为官者，为百石之官'。官爵之迁与斩首之功相称也。"他批评说，如果定这样的法令，叫斩敌首立战功的人做医生、工匠，那么，病就治不好，房子就盖不成。因为医生会调配药剂，工匠有专门的手艺，让有战功者做这些事与他的能力是不相当的。"今治官者，智能也。今斩首者，勇力之所加也。以勇力之所加而治智能之官，是以斩首之功为医、匠也。"

韩非拥护并发展了慎到的势治。在《难势》篇中，韩非认为"势"有"自然之势"和"人之所设"的"人为之势"两种。"自然之势"，是指世袭的君位，所谓"生而在上位"。他引慎到的话说："尧为匹夫，不能治三人。而桀为天子，能乱天下。吾以此知势位之足恃。而贤智之不足慕也。"看来，慎到讲的似偏重于"自然之势"，韩非所讲的是"人为之势"。"人为

之势"是势和法的结合,就是所谓"抱法处势",是指君主的法治权力。韩非认为像尧、舜、桀、纣那样的君主,"千世而一出"。因此,他所要着重讲的是"中者"的得"势"。所谓"中者",指的是"上不及尧舜,而下亦不为桀纣"的君主。他认为这样的中主"是比肩随踵而生,世之治者不绝于中"。对于中主来说,"抱法处势则治,背法去势则乱"。又说:"中主守法术,拙匠守规矩尺寸,则万不失矣。"《韩非子·难三》这种势、法并举,势、法结合的"人为之势",就是韩非对慎到"自然之势"的发展。

韩非在经过对前期法家学说的分析总结以后，把法、术、势这三个法治要素，连接在一起，构成了一个政治思想体系，故成为法家的集大成者。

韩非的法治思想，概括地说，是君主凭势，使术，用法来统治臣民。所谓势，就是君主的权威，就是生杀予夺的权力。君主有了这种权力，才能使术用法，使臣民服从自己，为自己所用。韩非认为君主必须把这种大权牢牢地掌握在自己手中，决不能同任何人分享，否则权力就会遭受削弱，甚至丢权丧身。

他认为，国和家一样，只能容许独尊，不能容许两尊或近似两尊的局面。否则，国家就要发生纷争。他说："孽有拟适（嫡）之子，配有拟妻之妾，廷有拟相之臣，臣有拟主之宠，此四者，国之所危也。故曰：内宠并后，外宠贰政，枝子配适，大臣拟主，乱之道也。"韩非认为君

主要依靠官吏统治人民，所谓"明主治吏不治民"。但君臣间又有利害矛盾，所谓"知臣主之异利者王，以为同者劫，与共事者杀"。君主驾驭臣下的权术，在《韩非子》中占有相当大的篇幅，在他的政治思想中占有重要地位。

法，在韩非的政治思想中占有主要位置。在韩非看来，法是全国臣民行动的准则。有了法，行动才能有统一的步调。他说："一民之轨，莫如法。"他认为如果依法行事，就能消除人间的不合理现象，社会秩序才会稳定。"法分明，则贤不得夺不肖，强不得侵弱，众不得暴寡。托天下于尧之法，则贞士不失分，奸人不侥幸。"他还认为，如果按法行事，就是受到惩罚的人，也会心安理得。"以罪受诛，人不怨上。"否则，"释法制而妄怒，虽杀戮而奸人不恐。罪生甲，祸归乙，伏怨乃结"。因此，他得出的结论是："释法术而任心治，尧不能正一国"，"以法治国，举措而已矣"。

实行法治主要靠赏罚。在韩非看来，绝大多数人不会自动为善，必须利用人们趋利避害、喜欢受赏而害怕受罚的本性，君主只要运用赏罚，就可以支配全国臣民。他把赏和罚看做重要的统治工具，称之为"二柄"。他说："明主之所导制其臣者，二柄而已矣。二柄者，刑德也。何谓刑德？曰：杀戮之谓刑，庆（赐）赏之谓德。为人臣者，畏诛罚而利庆赏，故人主自用其刑德，则群臣畏其威而归其利

矣。"赏罚的权柄要牢牢地掌握在君主手中。如果君和臣共掌赏罚大权，禁令就行不通，所谓"赏罚共则禁令不行"，还会出现像宋国司城子罕劫宋君，齐国的田恒杀齐简公那样的事。

法治的对象是广大的臣民，与术只用于臣下者不同。依照韩非的看法，除了国君以外，不论贵贱，一律要受法的约束。所谓"法不阿贵"，"刑过不避大臣，赏善不遗匹夫"。"诚有功则虽疏贱必赏，诚有过则虽近爱必诛。"

韩非为了说明法治的历史根据，从先王中找出一些事例。《说疑》："尧有丹朱，而舜有商均，启有五观，商有太甲，武王有管、蔡。五王之所诛者，皆父兄子弟之亲也，而所杀亡其身，残破其家者，何也？以其害国伤民，败法圮类也。观其所举，或在山林薮泽岩穴之间，或在囹圄缧绁缠索之中，或在割烹刍牧饭牛之事。然明主不羞其卑贱也，以其能，为可以明

法，便国利民，从而举之，身安名尊。"他
主张论功行赏，反对无功受禄，不论亲疏
贵贱，只要按法行事，立下功劳，就可担
任官职。"明主之吏，宰相必起于州部，猛
将必发于卒伍。"这一主张，有利于打破
世袭贵族对政权的垄断，便于新兴封建
地主分子参加各级政权，对发展巩固封
建制度的统治是有积极作用的。

韩非是一个君权至上论者。他提倡
尊君，主张君主集权、专制。他说："事在
四方；要在中央，圣人执要，四方来效。"

他认为君权集中的指导思想是法家思想，要求定法家于一尊。他激烈地批判和攻击法家以外的其他学派，特别是当时影响最大的儒家和墨家。他主张严格统治言论与思想，禁止私人著作流传和私人讲学，只准学习国家颁布的法令，只准以官吏为师，即所谓"明主之国无书简之文，以法为教；无先王之语，以吏为师；是境内之民，其言谈者必轨于法"。在他看来，封建统治者不需要什么诸子争鸣，只需要人民成为"无二心私学，听吏从教"的顺民。韩非的这种君主专制和文化专制思想，是战国末年各国间走向统一，各国内部趋向君权集中的反映。世界观与认识论韩非继承和发展了荀况的思想，并改造了老子书的若干观点。他的《解老》、《喻老》两篇，是对老子书最早的注解，反映了韩非世界观富有唯物主义的方面。

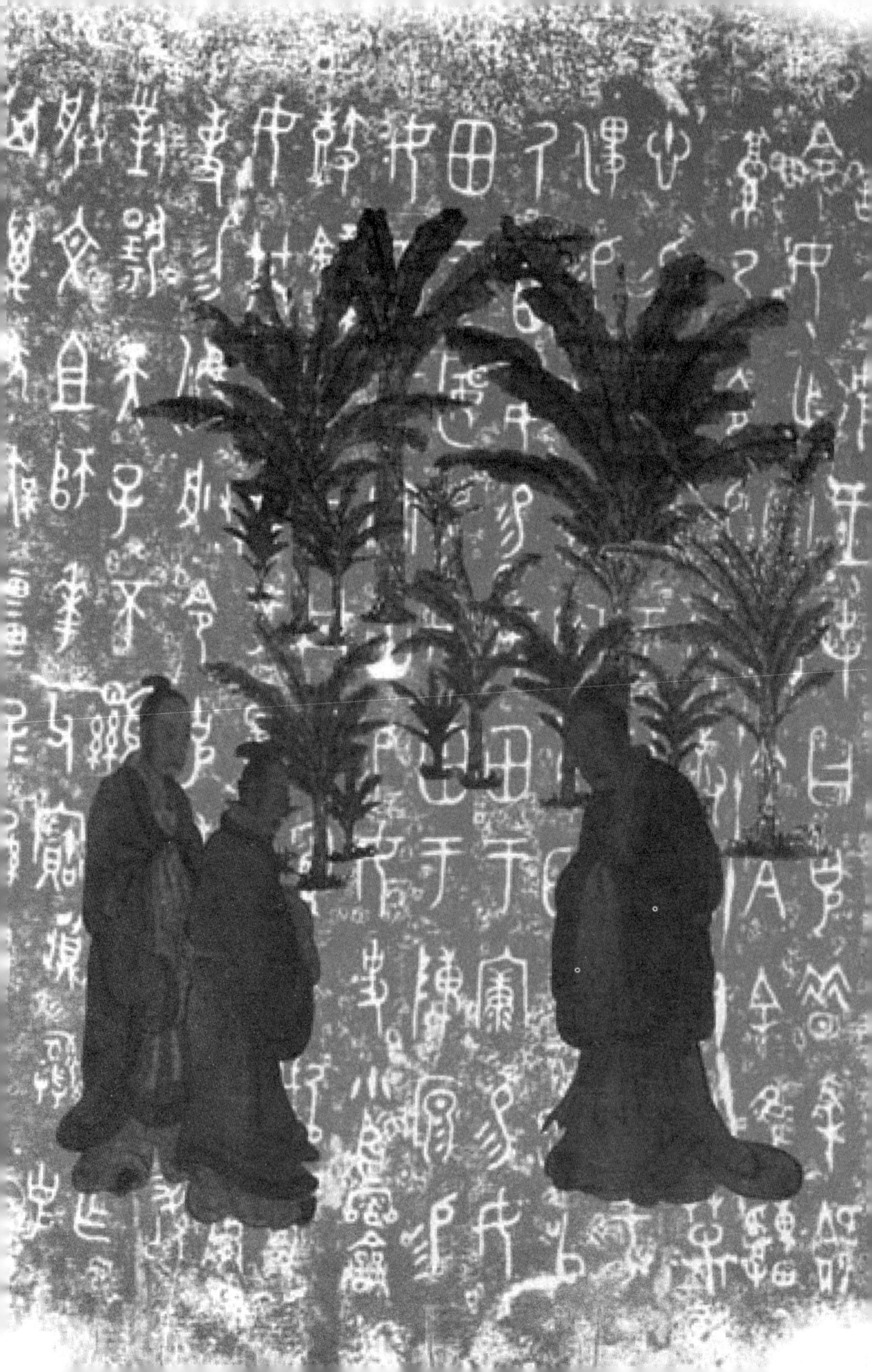

四、《韩非子》中的寓言

　　韩非所著的《韩非子》，是先秦法家的代表作，共五十五篇，书中记载着大量脍炙人口的寓言故事。公木在其著作《先秦寓言概论》中说《韩非子》中有寓言340则，位居诸子寓言之首，又据陈蒲清先生统计，《韩非子》有寓言约300－400则。这些生动的寓言故事，蕴含着深隽的哲理，凭着它们思想性和艺术性的完美结合，给人们以智慧的启迪，具有较高的文学价值，韩非巧妙地运用寓言故事来说理以及表达自己的思想，达到良好的效果。

（一）韩非子寓言节选

《韩非子》当中类似的寓言很多，在这里我们选取了以下十余则广为人知的寓言与大家共飨。

1.自相矛盾

矛和盾是古时候两种武器，矛是用来刺人的，盾是用来挡矛的，功用恰恰相反。

楚人有鬻盾与矛者，誉之曰："吾盾之坚，物莫能陷也。"又誉其矛曰："吾矛之利，于物无不陷也。"

或曰："以子之矛，陷子之盾，何如？"其人弗能应也。夫不可陷之盾与无不陷之矛，不可同世而立。

寓意：我们说话做事要实事求是，不

能自己与自己矛盾的道理。

2.狗恶酒酸

宋人有酤酒者，升概甚平，遇客甚谨，为酒甚美，悬帜甚高，然不售，酒酸怪其故。

问其所知，问长者杨倩，倩曰："汝狗猛耶？"

曰："狗猛，则酒何故不售？"

曰："人畏焉。或令孺子怀钱，挈壶瓮而往酤，而狗迓而龁之，此酒所以酸而不售也。"

夫国亦有狗，有道之士，怀其术而欲以明万乘之主，大臣为猛狗，迎而龁之。此人主之所以蔽胁，而有道之士，所以不用也。

寓意：本文以恶狗看门从而使好酒难以出售的故事，讲了一个治国道理，即如果恶人当道，好的主张必定难以实行，贤人难受重用。

3.郑人置履

郑人有欲买履者，先自度其足，而置之其坐，至之市，而忘操之，已得履，乃曰："吾忘持度"。反归取之，及反，市罢，遂不得履。

寓意：这则故事告诉我们对待事物要注重事实，不能太墨守成规。因循守旧，不思变通，终将一事无成。

4.讳疾忌医

扁鹊见蔡桓公，立有间，扁鹊曰："君有疾在腠理，不治将恐深。"桓侯曰："寡人无疾。"扁鹊出，桓侯曰："医之好治不病以为功。"

居十日，扁鹊复见曰："君之病在肌肤，不治将益深。"桓侯不应。扁鹊出，桓侯又不悦。

居十日，扁鹊复见曰："君子病在肠胃，不治将益深。"桓侯又不应。扁鹊出，桓侯又不悦。

居十日，扁鹊望桓侯而还走。桓侯故使人问之，扁鹊曰："疾在腠理，汤熨之所及也；在肌肤，针石之所及也；在肠胃，火齐（中医汤药名，火齐汤）之所及也；在骨髓，司命之所属，无奈何也。今在骨髓，臣是以无请也。"

居五日，桓公体痛，使人索扁鹊，已逃秦矣，桓侯遂死。

故良医之治病也，攻之于腠理，此皆争之于小者也。夫事之祸福亦有腠理之地，故曰："圣人早从事焉。"

寓意：对待自己的缺点、错误，也要像对待疾病一样，决不能讳疾忌医，而应当虚心接受批评，防患于未然。若一意孤行，后果则不堪设想。

5.杀猪教子

曾子之妻之市，其子随之而泣。

其母曰："汝还，顾反为汝杀彘。"

妻适市来，曾子欲捕彘杀之。妻止之曰："特与婴儿戏耳。"

曾子曰："婴儿非与戏也。婴儿非有知也，待父母而学者也，听父母之教。今子欺之，是教子欺也。母欺子，子而不信其母，非所以成教也。"遂烹彘也。

寓意：父母亲是孩子的第一任教师。任何时候都要注意自己的一言一行。

6.三人成虎

庞葱与太子质于邯郸，谓魏王曰：

"今一人言市有虎，王信之乎？"曰："否。"

"二人言市有虎，王信之乎？"王曰："寡人疑矣。"

"三人言市有虎，王信之乎？"王曰："寡人信之矣。"

庞葱曰："夫市之无虎也明矣，然而三人言而成虎。今邯郸去大梁也远于市，而议臣者过于三人，愿王察之也。"王曰："寡人自为知。"于是辞行，而谗言先至，后太子罢质，果不得见。

寓意：对人对事不能以为多数人说的就可以轻信，而要多方进行考察、思考，并以事实为依据作出正确的判断。这种现象在实际生活中很普遍，不加辨识，轻信谎言，就会让人犯错误。

7.守株待兔

宋人有耕者。田中有株,兔走触株,折颈而死。因释其耒而守株,冀复得兔。兔不可复得,而身为宋国笑。今欲以先王之政,治当世之民,皆守株待兔之类也。

寓意:那些不能随着情况的变化而有所变化,盲目地效法过去帝王的法令制度而一成不变的人,会和那个宋国人一样成为后人永远的笑柄。

8.和氏玉

楚人卞和得玉璞楚山中,奉而献之厉王。厉王使玉人相之,玉人曰:"石也。"王以和为诳,而刖其左足。

及厉王薨,武王即位,和又奉其璞而献之武王。武王使玉人相之,又曰:"石也。"王又以和为诳,而刖其右足。

武王薨,文王即位,和乃抱其璞而哭于楚山之下,三日三夜,泪尽而继之以血。王闻之,使人问其故,曰:"天下之刖者多矣,子奚哭之悲也?"

和曰:"吾非悲刖也,悲夫宝玉而题之以石,贞士而名之以诳,此吾所以悲也。"王乃使玉人理其璞而得宝焉,遂命曰"和氏之璧"。

寓意:这个寓言故事中,以和氏喻法术之士,以玉璞喻法术,以玉人喻群臣士民,以刖足喻法术之士的不幸遭遇,从中可知韩非的原意是以和氏的遭遇比喻自己的政治主张不能为他的国君所采纳,反而受到排斥,对此,他是很痛惜的。但是,从这故事中,也还可以领悟到更深一层的寓意,那就是:身为玉匠应识玉,国

君要知人，献宝者则要准备为宝而作出牺牲。

9.击鼓戏民

楚厉王有警，为鼓以与百姓为戍。饮酒醉，过而击之也，民大惊，使人止之。

曰："吾醉而与左右戏，过击之也。"民皆罢。居数月，有警，击鼓而民不赴，乃更令明号而民信之。

寓意：不能拿国家和人民的安危等原则性的问题开玩笑，否则，必然会失信于民，给国家带来祸害。

10.鲁人搬迁

鲁人身善织屦，妻善织缟，而欲徙于越。

或谓之曰："子必穷矣。"

鲁人曰："何也？"

曰："屦为履之也，而截止越人跣行；缟为冠之也，而越人被发。以子之所长，游于不用之国，欲使无穷，其可得乎？"

寓意：要发挥自己的专长，必须找到合适的地方。如果找错了地方，专长就会变成短处。

11.心不在马

赵襄主学御于王于期，俄而与子期逐，三易马而三后。

襄主曰："子之教我御，术未尽也。"

对曰："术已尽，用之则过也。凡御之所贵，马体安于车，人心调于马，而后可以进速致远。今君后则欲逮臣，先则恐逮于臣。夫诱道争远，非先则后也。而先后心皆在于臣，上何以调于马？此君之所以后也。"

寓意：无论办什么事情，都要把精力集中在所要办的事情上。如果分散了精力，就不能成功。

12.三虱相讼

三虱食彘，相与讼。一虱过之，曰："讼者奚说？"三虱曰："争肥饶之地。"一虱曰："若亦不患腊之至而茅之燥耳，若又奚患？"于是乃相与聚嘬其身而食之。彘臞，人乃弗杀。

寓意：不要因为争夺眼前的小利，而忘掉了维护共同的根本利益。

13.宋人偏见

宋有富人，天雨墙坏。其子曰："不筑，必将有盗。"其邻人之父亦云。暮而果亡其财，其家甚智其子，而疑邻人之父。

寓意：以亲疏来判断是非是非常有害的。生活中的一些误解和恩怨，就是由此而来。

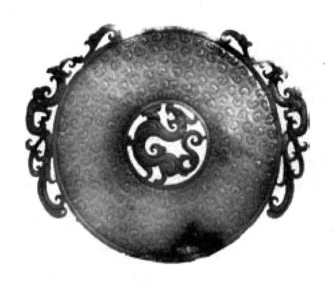

(二)《韩非子》寓言撮说

  《韩非子》寓言在先秦寓言中是光辉夺目的一部分。《韩非子》全书五十五篇，除少数篇章是伪作以外，大部分是韩非本人的作品。其中十八篇内载有寓言。《和氏》通篇以寓言"和氏璧"说理，《韩非子·说林》上、下，《韩非子·内储说》上、下，《韩非子·外储说》左上、左下、右上、右下八篇有如寓言集锦。全书载有寓言二百几十则，其题材之广泛，内

容之丰富，形象之众多，思想意义之深远，文学手法之多样，文学语言之繁富，在先秦寓言中，只有庄子可与之媲美。

韩非是先秦时期新兴势力的代言人。他在《韩非子》一书中，从理论上总结了春秋以来几百年间新兴阶层的斗争经验，并批判地接受了前期法家以及儒、墨、道各学派的思想成果，建立了以法为核心的法、术、势相结合的法制学说。他的学说，总其要就是明法、乘势、任术。依靠一套完整、严密的政治制度、法律措施以及驾驭群臣百姓的政治手段，推行君主独裁的中央集权制。这在当时是顺应了历史发展的趋势，代表了社会发展的方向。但在后来，可以说他的这套理论构成了我国两千年来的封建君主专制政治制度的坚如磐石般的基础。在哲学上，韩非继承、发展了老子和荀子的唯物主义和朴素的辩证法，将他们推上一个新的高度，同时也膨胀了他们的弱点，将形而上学演化为诡辩术。

《韩非子》寓言都是用来阐发上述政治主张和哲学思想的。韩非有意识地把寓言当做武器，猛烈地向各式各样的以各种方式反对"法制"、推行"邪说"的"文学之士"开火，这是第一义的。然而寓言本身是一种文学，从他所描述的故事情节、人物形象和种种社会现象，从它蕴涵的多方面的寓意，概括起来更可以看出那个时代的风貌，触摸到那个时代人们的是非、善恶、美丑的观念。从文学角度说，韩非寓言有着丰富而深厚的文学意义。

韩非寓言一个鲜明的特点是题材的广泛性。韩非开拓了先秦寓言的题材，扩展了先秦寓言的视野，将寓言文学的笔触伸向社会生活的方方面面，涉及到社会的政治、经济、军事斗争、外交往来、文化科学、法律、哲学、历史，以及世态人情、伦理道德，在广阔的背景上反映了

先秦时期的社会现实。韩非寓言为数众多的是那些立足于现实，放眼于历史，从清醒的政治家、哲学家的眼光取材于历史故事和传说的作品。这类寓言，寓意较深，内容广泛，天地宇宙、上下古今都有涉及。从社会生活方面说，上自尧舜禹汤下至当今名主圣王，尊起天子诸侯、公卿大夫、后妃、佞嬖、左右近臣，卑至倡优侏儒、匠舆胥靡、鸡鸣狗盗、引车买浆者流，旁及文臣武将、忠臣贰子、学者隐夫、方家术士，都进入了韩非寓言，他们的活

动交往及错综复杂的斗争，构成了一幅幅惊心动魄、具体生活画面，从不同侧面、不同角度再现了急剧变化的时代。

从自然科学和哲学方面说，韩非寓言生动精彩地展现了奇妙深杳、广阔无边的客观世界，揭示它的某些规律，反映出我国古代人民对客观世界认识的深度和广度。韩非寓言有相当一部分直接取材于现实生活，是当时当地社会生活的艺术反映。

韩非寓言另外的一个鲜明特点是强烈的讽喻性、战斗性。在先秦寓言艺苑中，韩非继承并发扬了孟子开创的讽喻文学传统，扩大了先秦寓言的讽喻作用，提高了先秦寓言的战斗性。从揭露现实的深度广度说，某些方面韩非超过了他以前的思想家、文学家。

韩非寓言的锋芒首先指向社会制度、最高统治者和上层社会。春秋战国时期是我国急剧转变的历史时期，各阶

级阶层，各派政治力量之间的斗争十分尖锐、复杂、激烈。韩非对现实有清醒的认识，他清楚地看到这种斗争"无须臾之休"（《韩非子·备内》）。他在观察、探索错综复杂的人事关系中，发现并首先提出人与人之间最根本的关系是利害买卖关系。他说："臣尽死力以与君市，君垂爵禄以与臣市，君臣之际，非父子之亲也，计数之所出也。"（《难一》）这是当时已经确立的雇佣关系在政治上在社会生活中的反映。这种认识在某种程度上触及了私有制的本质:残酷的阶级对立、剥削、压迫形成了人与人之间的利害买卖关系。韩非子寓言涉及到的社会生活面相当广泛、深细。如"西门豹为邺令"（《韩非子·外储说》左下）的锋芒直指那些贪财枉法、损公肥私、蒙君蔽上、苛剥百姓的奸佞之臣。"子之言白马"（《韩非子·内储说》上）鞭挞了一味逢迎、保官保禄、不顾事实、指无为有的国贼禄蠹之徒。"韩昭侯藏弊裤"（《韩非子·内储说》上）讥讽了统治者的悭吝和贪卑。身为一国之富的连一条旧裤子都不肯赏赐给臣下，还发表一通冠冕堂皇的妙论。"涸泽之蛇"（《韩非子·说林》），揭露了那个时代老实人受欺负而奸诈搞权术的人却走红的社会陋习。"儒者博乎"（《韩非子·外储说》左下）嘲笑了迂腐僵化、穿凿附会的儒家。韩非子寓言的笔触伸向许多为人所见、或是见而不肯说不敢说的角落。韩非充分发挥了寓言文学的讽刺、战斗作用。

韩非寓言再一个鲜明的特点是深厚的现实主义文学传统。这一特点从思想内容方面说，除了上一节说到的以外，另一重要内容是在阐述政治哲学主张的同时，客观上直接、间接地总结了生产劳动、工作学习和生活斗争的经验教训，这是千百年来劳动人民代代相传的经验和智慧的结晶，是韩非探索社会、研究人生所得来的认识成果。"树杨"（《韩非子·说林》上）通过"夫杨横树之即生，倒树之即生，折而树之又生；然使十人树之而一人拔之，则毋生杨"的故事告诉人们一条经验：败事容易，成事难；要认真办好一件事情，单有勤俭耐劳的态度还不够，还必须寻找成功的好办法。"刻削之道"（《韩非子·说林》下）向读者说明做事情要留有余地，不可绝对化；留有余地，方可迂回缓冲。在"夔一足"

（《韩非子·外储说》左下）中作者批评了道听途说、以讹传讹的草率作风，而提倡认真思考、调查研究。

从现实主义创作手法说，韩非寓言达到了时代的高度。如果说《庄子》寓言是闪耀着幻想光芒的烁烁明星，先秦浪漫主义文学的瑰宝，那么《韩非子》寓言则是横空出世的昆仑，是焕发着强烈的时代气息的现实主义寓言文学的铮铮杰作。在先秦寓言领域中，它二者犹如两峰对峙，双水分流。庄子以恢诡谲怪的想象

创造了众多奇幻瑰丽的寓言形象,寄寓了深厚而丰富的思想意义;而韩非则以洞幽烛微的观察力,力透纸背的写实手法,对最普通的常识、最常见的人和事进行深入开拓,从而塑造出众多放出奇异光彩的寓言形象,在文学史上留下不可泯灭的足迹。"画鬼容易画犬马难"(《韩非子·外储说》左上)这则寓言正可移作韩非对现实主义学习创作的甘苦谈。"夫犬马人所知也,旦暮罄于前,不可类之,故难。鬼魅无形者,不罄于前,故易之也。"韩非对"旦暮罄于前"的事物开掘得深,概括得精,文笔简洁而传神,足见其文学功力之深。鸣必惊人的楚庄王(《韩非子·喻老》),好五音而亡国的晋平公(《韩非子·十过》),两刖足而宝玉方被认识的和氏,讳疾忌医的蔡桓公,身善织屦、妻善织缟的鲁人,从王子期学御的赵襄公主，悭吝诡诈的韩昭侯，释车下走的齐景公，不学无术的南郭，教女积私的卫人，守株待兔的宋人，自相矛盾的楚人等人物形象，以及买椟还珠、老马识途、刻削之道、郢书燕说、三人成市虎、远水不救近火等典故，都以它们各自的特点和特殊寓意为文学史增添了绚丽的光彩，其中有很多至今尚存活在我们的语言里，流传在人民群众的生活中。

五、结语

　　总之，韩非寓言在运用现实主义创作方法塑造形象反映现实方面，创造了丰富的艺术经验，很值得我们去探讨。

　　东周时期，社会动荡，礼崩乐坏，新兴的封建势力为适应封建社会发展的要求，力图冲破"礼治"思想的束缚，实行"法治"，先秦法家思想应运而生。

　　在先秦法家思想史上最先活跃起来的是春秋时期的管仲、子产、邓析等人。

管仲认为"君臣上下贵贱皆从法，此谓为大治"，明确提出了"修旧法"和"令顺民心"的主张。子产在郑国铸了《刑书》，邓析又在子产《刑书》的基础上，作了《竹刑》，并把它刻在竹简上公布于众，此后，罪与非罪便有了一定的标准，奴隶主贵族任意刑杀的特权受到了限制，这和过去那种"临事制刑，不预设法"的老办法相比，无疑是一个很大的进步。

到了战国，系统的新兴地主阶级的

"法治"思想开始正式形成并发展起来，杰出人物层出不穷，李悝、吴起、商鞅、韩非等都是著名代表。李悝在前人立法的基础上造《法经》六篇，并提出了"为国之道，食有劳而禄有功，使有能而赏必行、罚必当"的原则。吴起也坚决主张"明法申令"，厉行"使私不害公，谗不蔽忠，言不敢苟同，行不敢苟容，行义不顾毁誉"的"法治"。商鞅认为，人都有"好利恶害"的本性，要想富国强兵行使赏罚是唯一有效的办法，这种"好利恶害"的人性论是法家主张"法治"的主要理论依据。另外，他还指出"法之不行，自上犯之"，一反过去"刑不上大夫"的旧传统，坚决主张"刑无等级，自卿相将军以至大夫庶人，有不从王令、犯国禁、乱上制者，罪死不赦"。战国后期的韩非更是集诸家思想与大成，在总结前期法家"法"、"势"、"术"三派得失的基础上，提出了一套更加完备的"法治"理论和

方法，建立了"以法为本"，"法"、"势"、"术"三者结合的完整体系，为封建专制主义中央集权制的建立提供了理论基础。

先秦时期的法家思想，尤其是韩非的思想，在一定时期内对社会的发展起着积极的推动作用，在其思想理论的指导下，秦始皇"奋六世之余列，挥长策而驭宇内，吞二周而亡诸侯"，缔造了昔日秦王朝的辉煌，但重刑伤民，"刑罚积而民怨背"，人民终因不堪忍受暴政而掀起了大规模的农民起义，曾经强盛的秦王朝顷刻间灰飞烟灭。从这一历史事实中，我们不难看出法家思想本身也存在着不可掩饰的弊端。首先，法家所谓的"法治"，决非一般意义上的以法治国，实乃专制，甚至可以说是赤裸裸的血腥恐怖统治。其最主要的主张是轻罪重罚，李悝在《法经》中就规定："窥宫者膑，拾遗者刖。""越城一人则诛，自十人以上夷其乡及族"。商鞅变法时"一日临渭而论囚七百余人，渭水尽赤，号哭之声动于天地，蓄怨积仇比于丘山"。此场景何等凄惨！韩非为了加强君主专制统治，更是信口雌黄地滥加人罪，把死刑当儿戏，"为人臣不忠当死，言而不当，亦当死"（《韩非子·初见秦》）。他们过于看重严刑峻法，轻视人的作用，将人看成没有思想感情、被动适用刑罚的客体，是其重刑思想理论的缺陷之一。

其次，虽然子产、邓析制定并颁布了成文法，使得犯罪与非罪有了一定的

标准，但在法家的法律体系中，却没有一般违法与犯重罪的区别，甚至连罪与非罪的界限也常常被混淆，在如此的刑罚氛围中，势必会导致臣民议论法令、批评时政现象的产生，对此，法家不是因势利导，以之为契机来改善法制，而是用极其专制、严酷的手段去打击压制，完全排斥民众的理念和智慧对完善法制的作用，结果使得其立法、执法诸程序走向极端狭隘的专制道路。

再次，法家将法律的制定权只限于君主，任何臣民不但没有立法的资格，且

完全不准议论君主所立之法，否则便是
大逆不道。他们还要求禁止不符合君主
专制统治利益的一切个人思想道德方面
的行为自由，在他们的心目中，民众没有
任何权利方面的规范乃至概念，唯有被
蛮横无情的统治者任意摆布与宰割。在
"法治"方面，法家有一点最能迷惑人心
的地方，那就是其"刑无等级"、"法不阿
贵"之说，有人把它誉为"坚持法的平等
性"，其实则大谬不然，它决不是追求什
么依法治国和法的平等性，而恰恰是为了
法的专制性，它与"法律面前人人平等"

的思想存在着本质的区别，其内核始终是统治者施行镇压的淫威工具，民众避之唯恐不及。

另外，法家还竭力反对"释法任贤"，认为任用贤臣是国家发生动乱的根源，只有实行君主专制且"世治其民"才是安邦定国之根本。韩非也认为："君有贤臣，适足以为害耳，岂得利焉哉？"（《韩非子·忠孝》）这里，法家把国家"治"与"乱"的标准完全用专制统治的成功与否来衡量，如此，又怎能不败呢？

　　总之，先秦法家思想从秦孝公任用商鞅变法开始到秦始皇统治时期，确实起着富国强兵、摧毁奴隶制和封建割据势力、统一全中国的进步作用。但是它本身也有着不可掩饰的缺陷，我们要运用历史唯物主义的眼光去看待它。既要看到其具有历史进步性，又要看到它的历史的阶级的局限性，要正确地学习、借鉴，以便更好地推动社会主义法治建设。